COLORA
IL GIORNO DI DISTANZA
LIBRO DA COLORARE PER ALLEVIARE LO STRESS

Coloring Bandit

Copyright © 2017 by Coloring Bandit
Tutti i diritti riservati.

Nessuna parte di questo testo può essere riprodotta
o utilizzata in qualsiasi modo o forma o mediante
qualsiasi mezzo elettronico o meccanico. Ciò significa
che non è possibile registrare o fotocopiare alcuna idea
o suggerimento contenuti in questo testo.

Pubblicato da Speedy Publishing Canada Limited

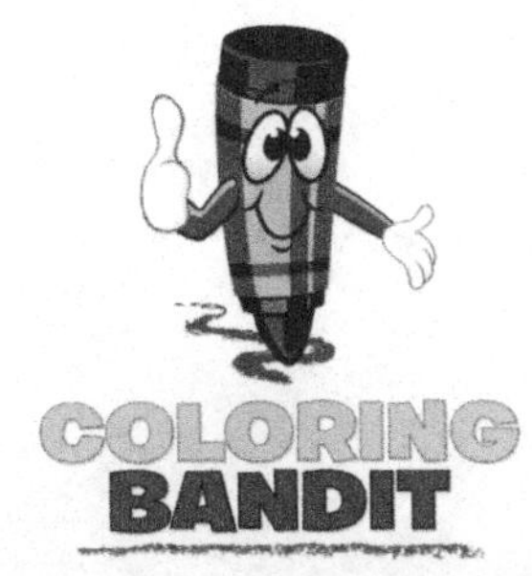

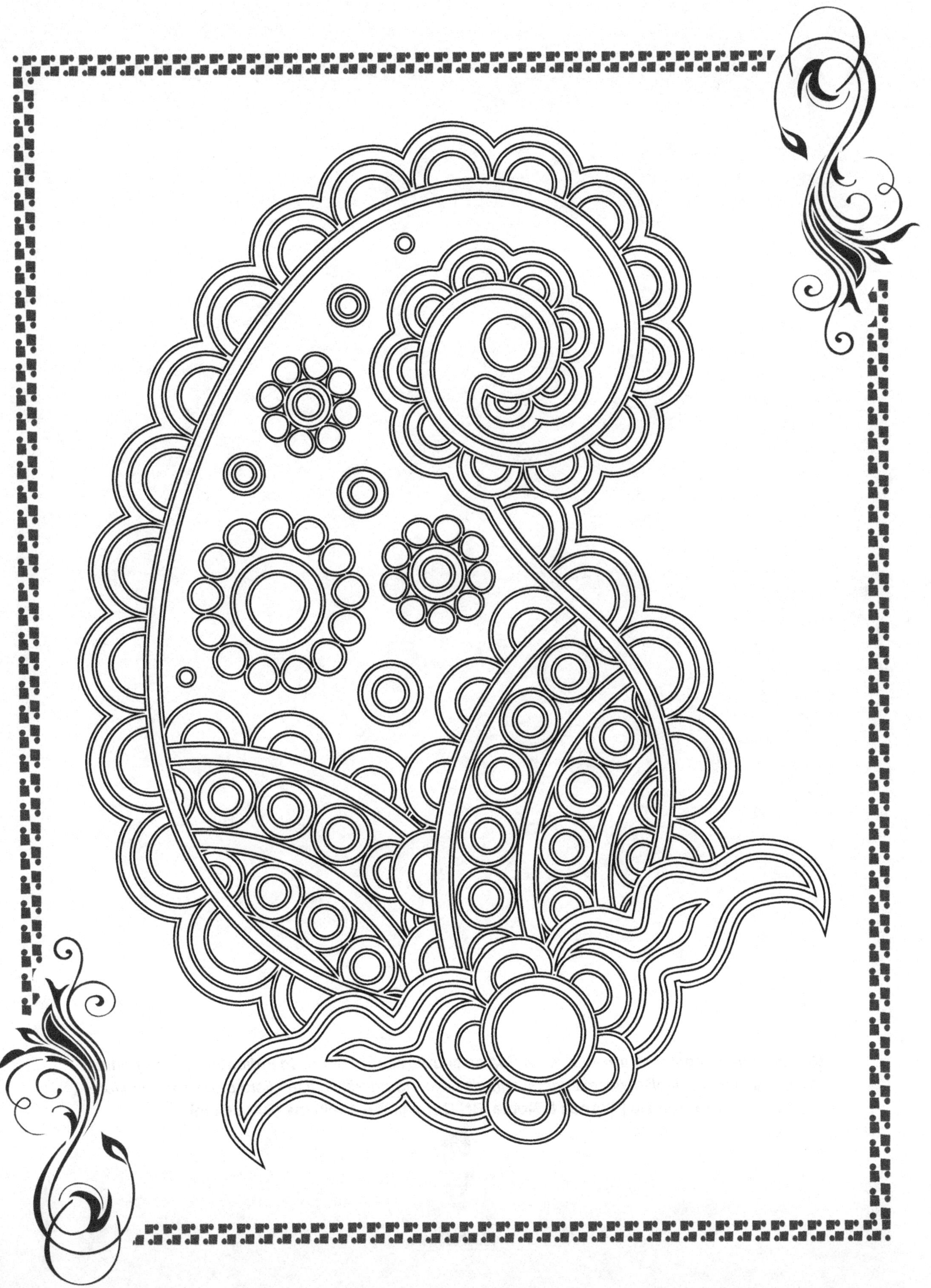

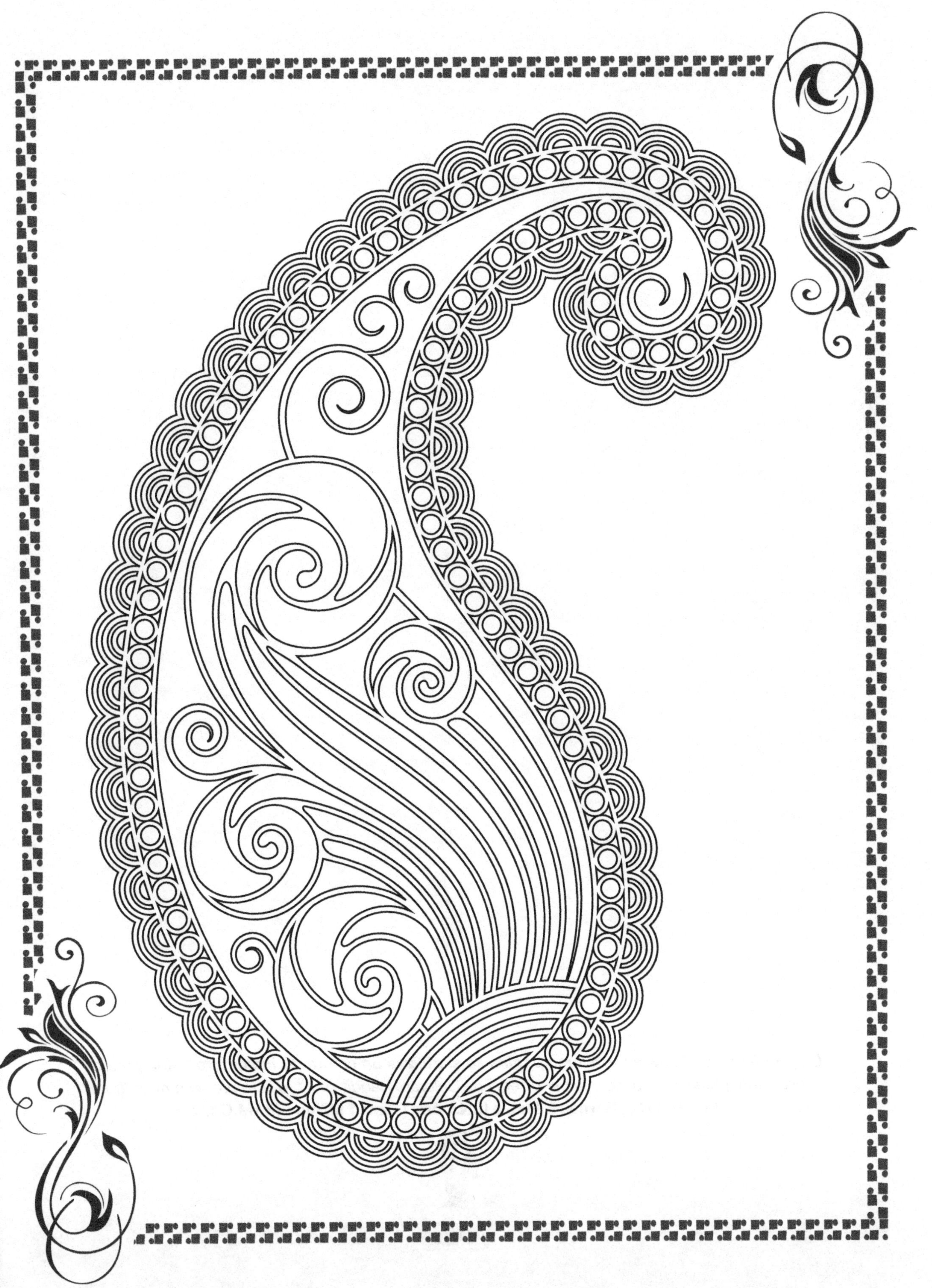

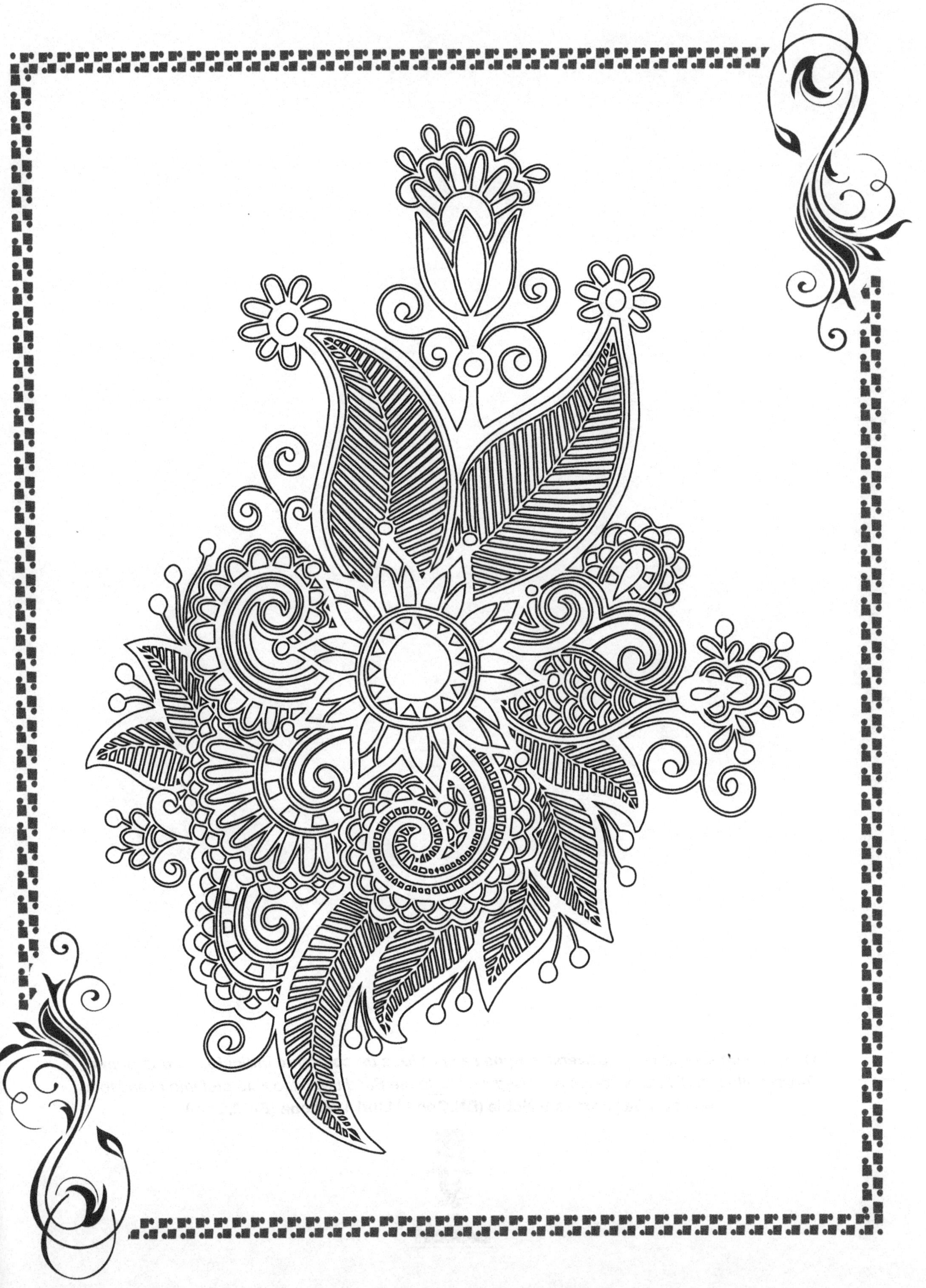

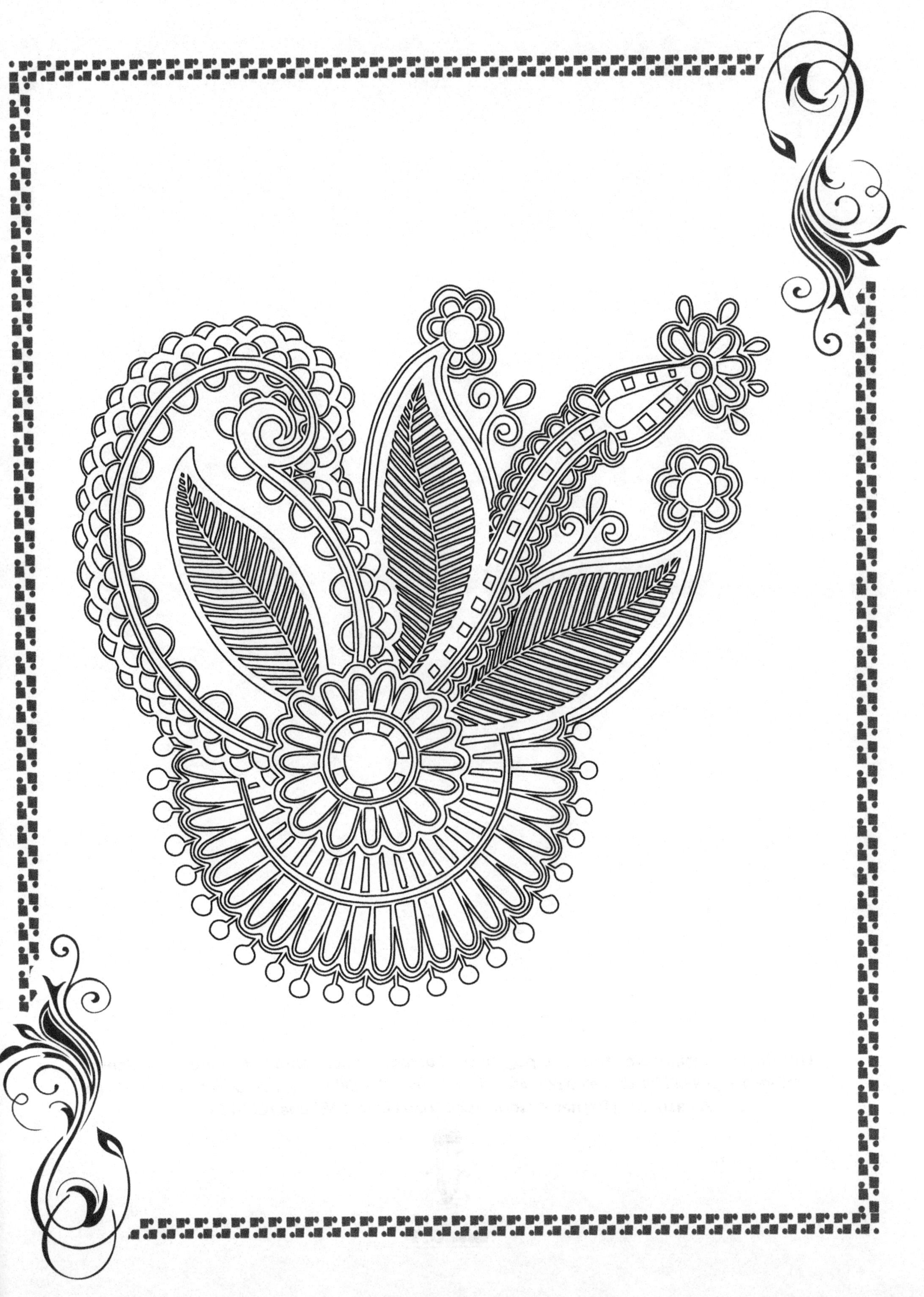

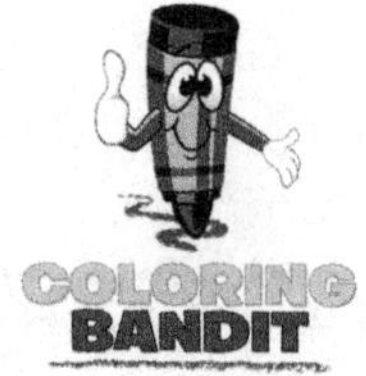

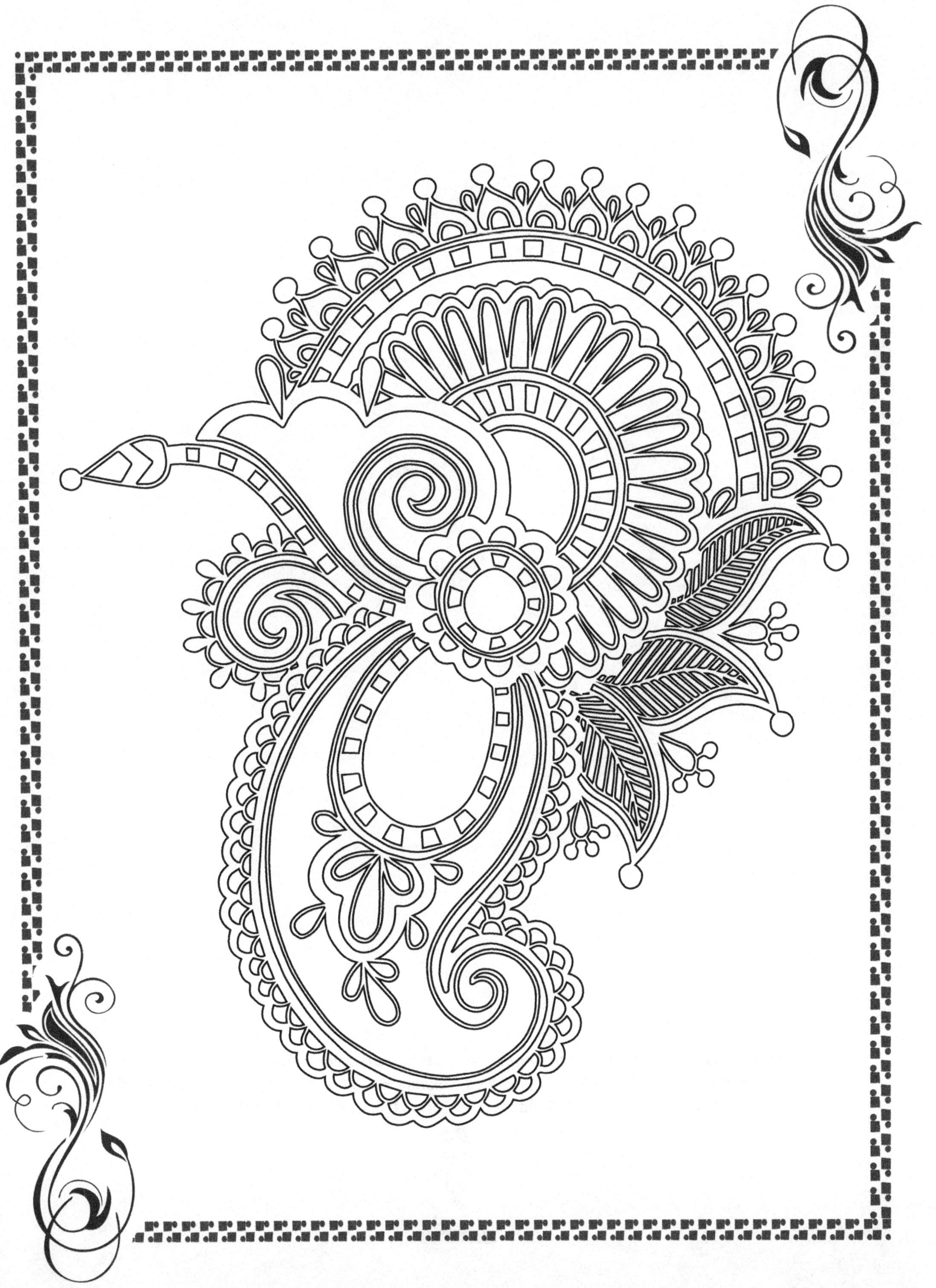

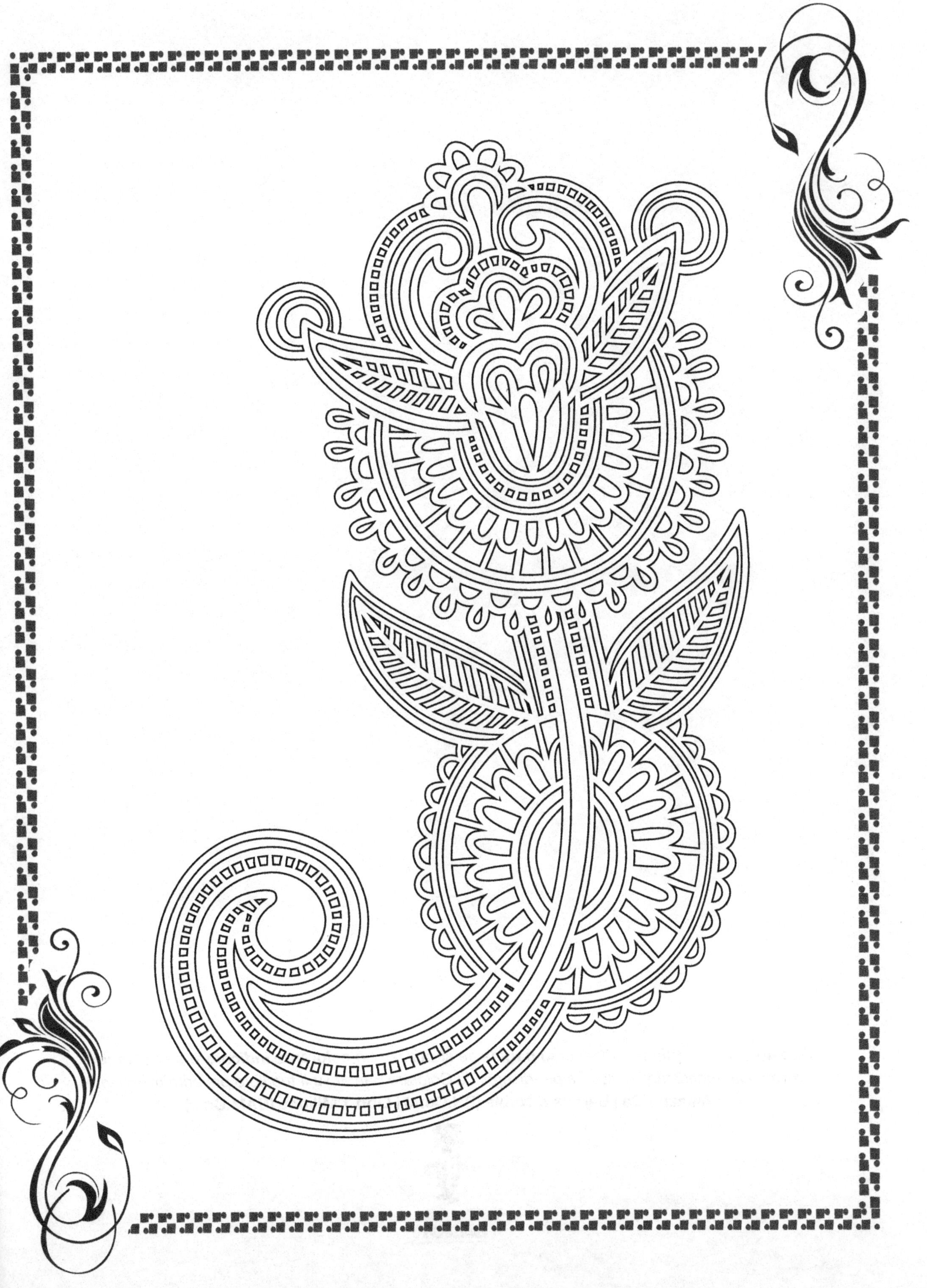

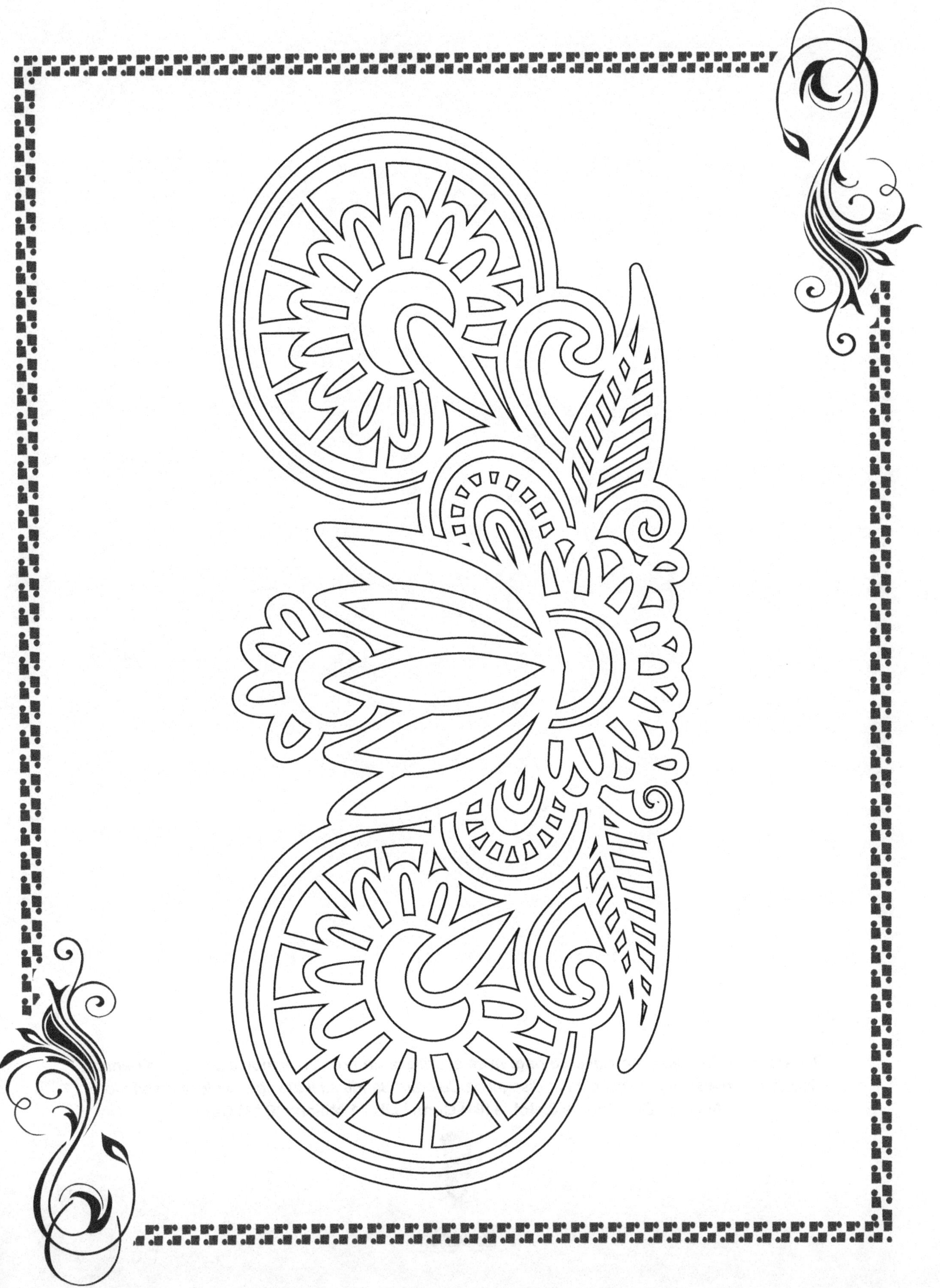

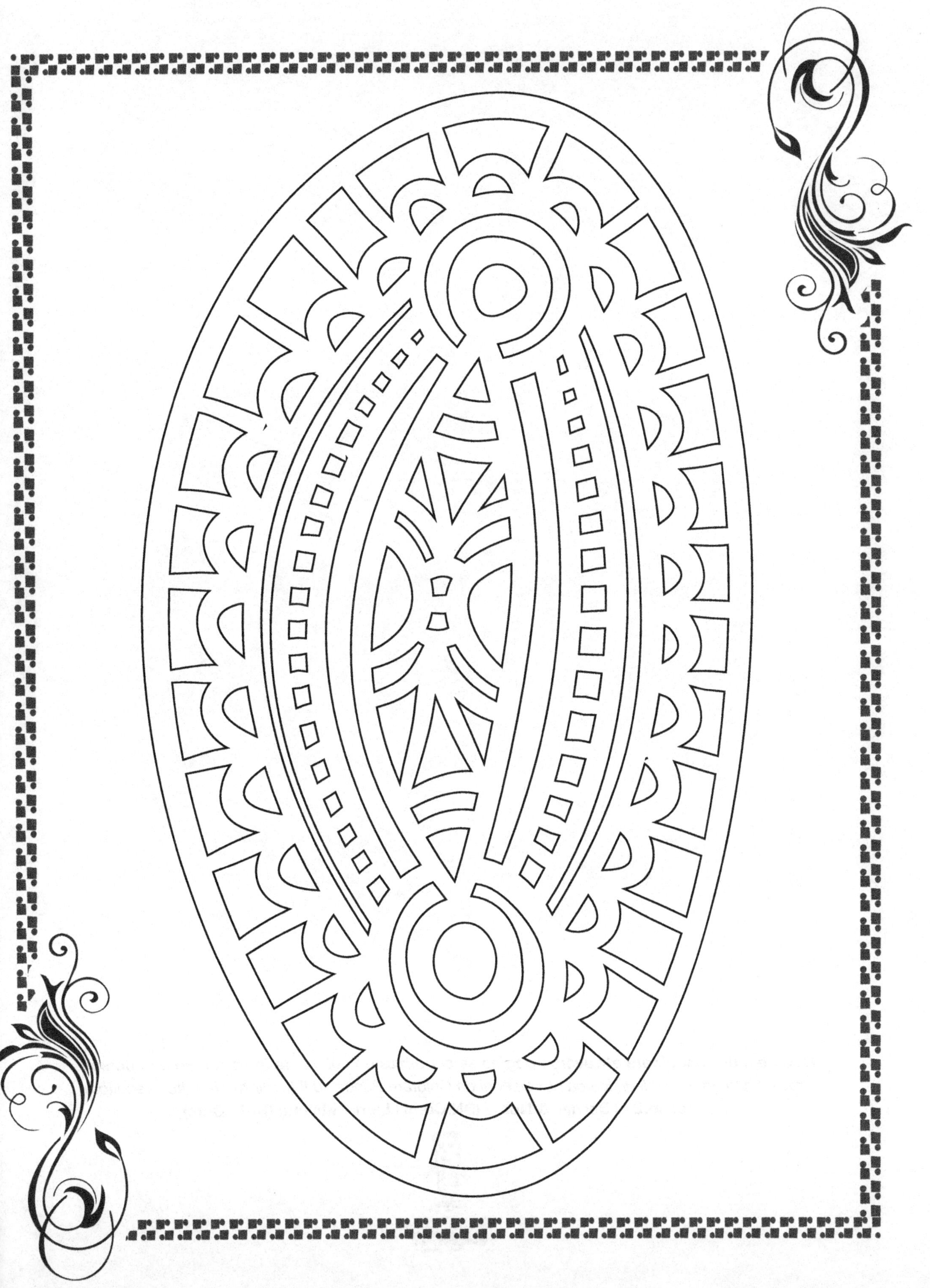

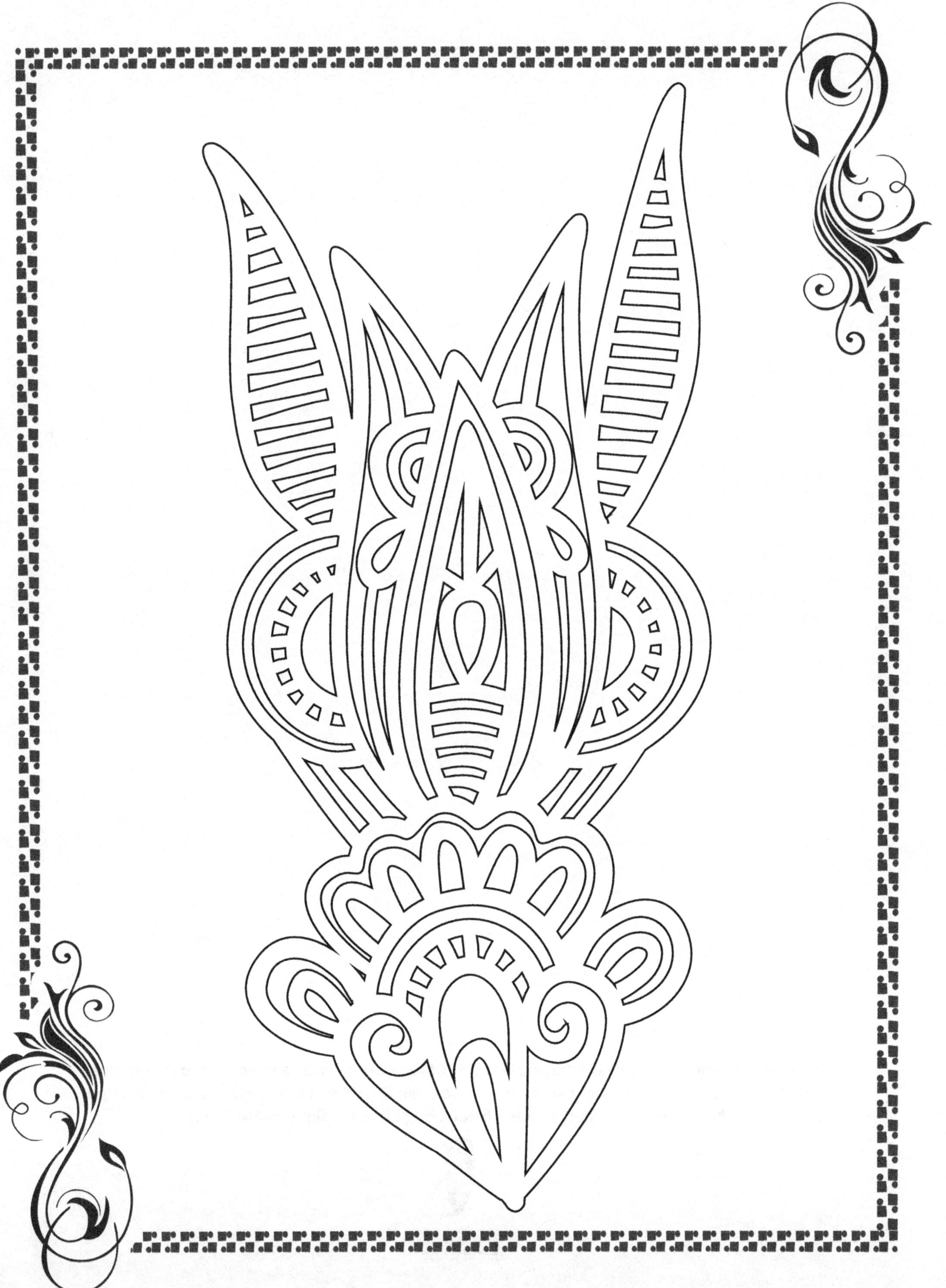

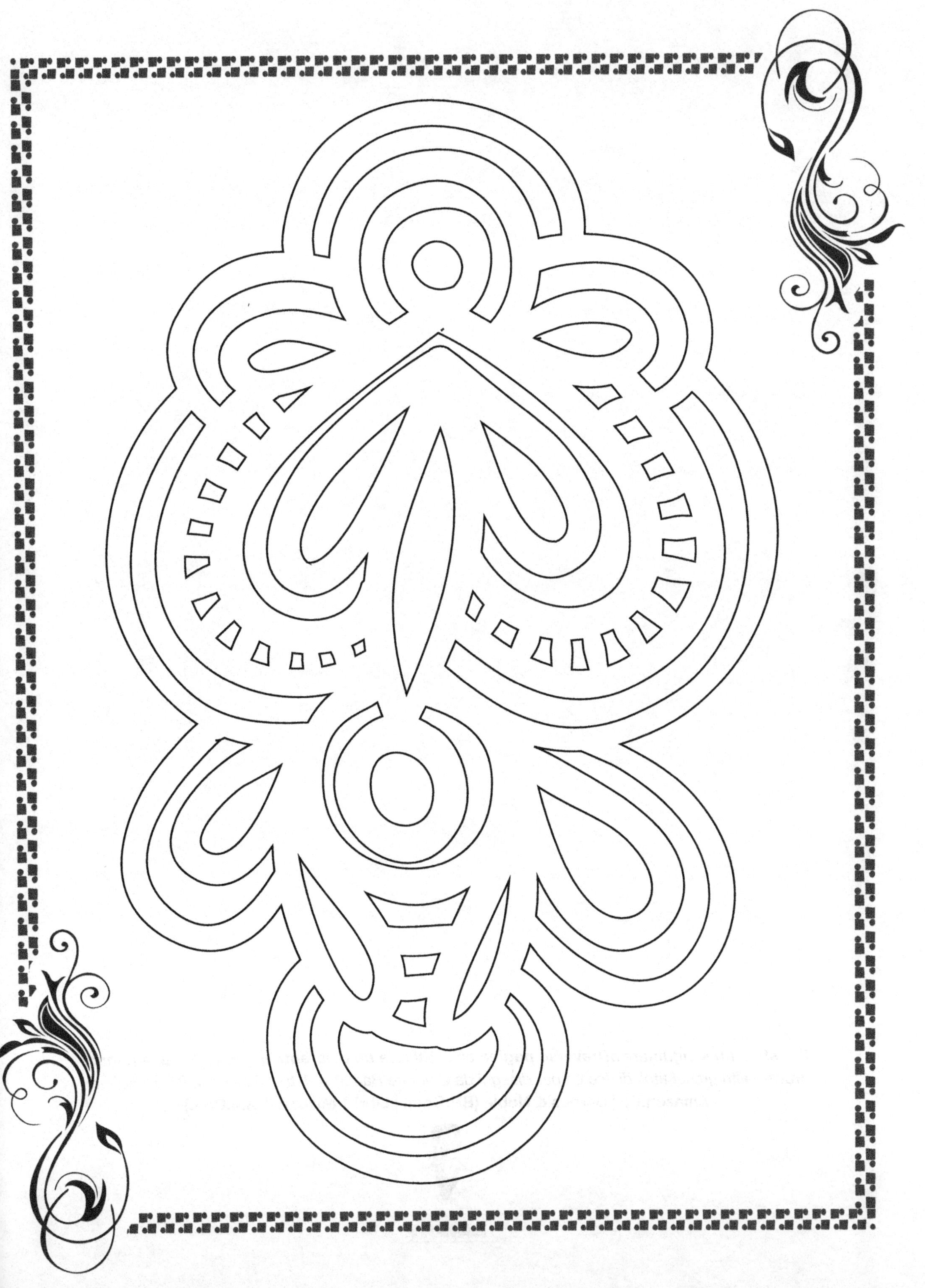

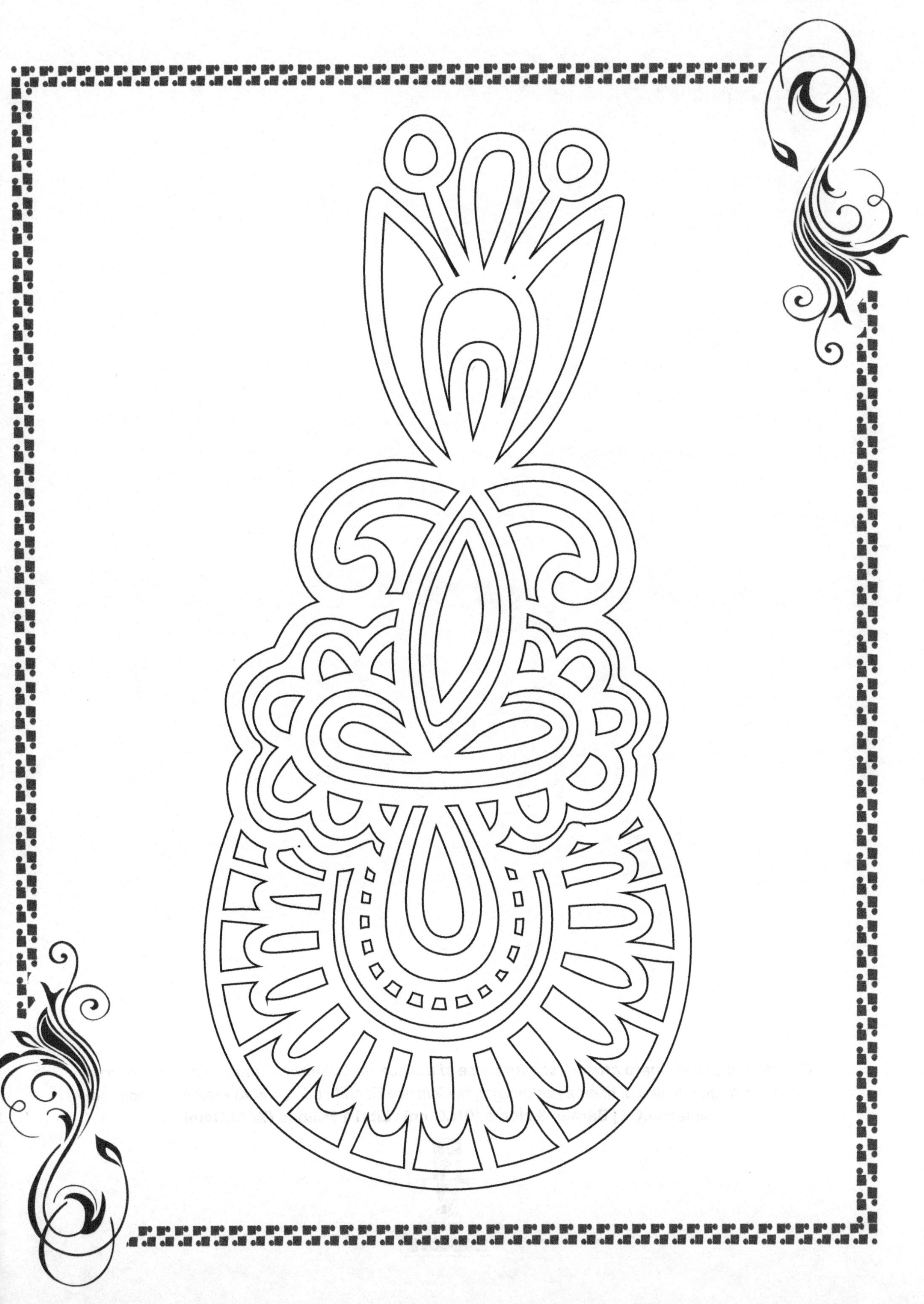

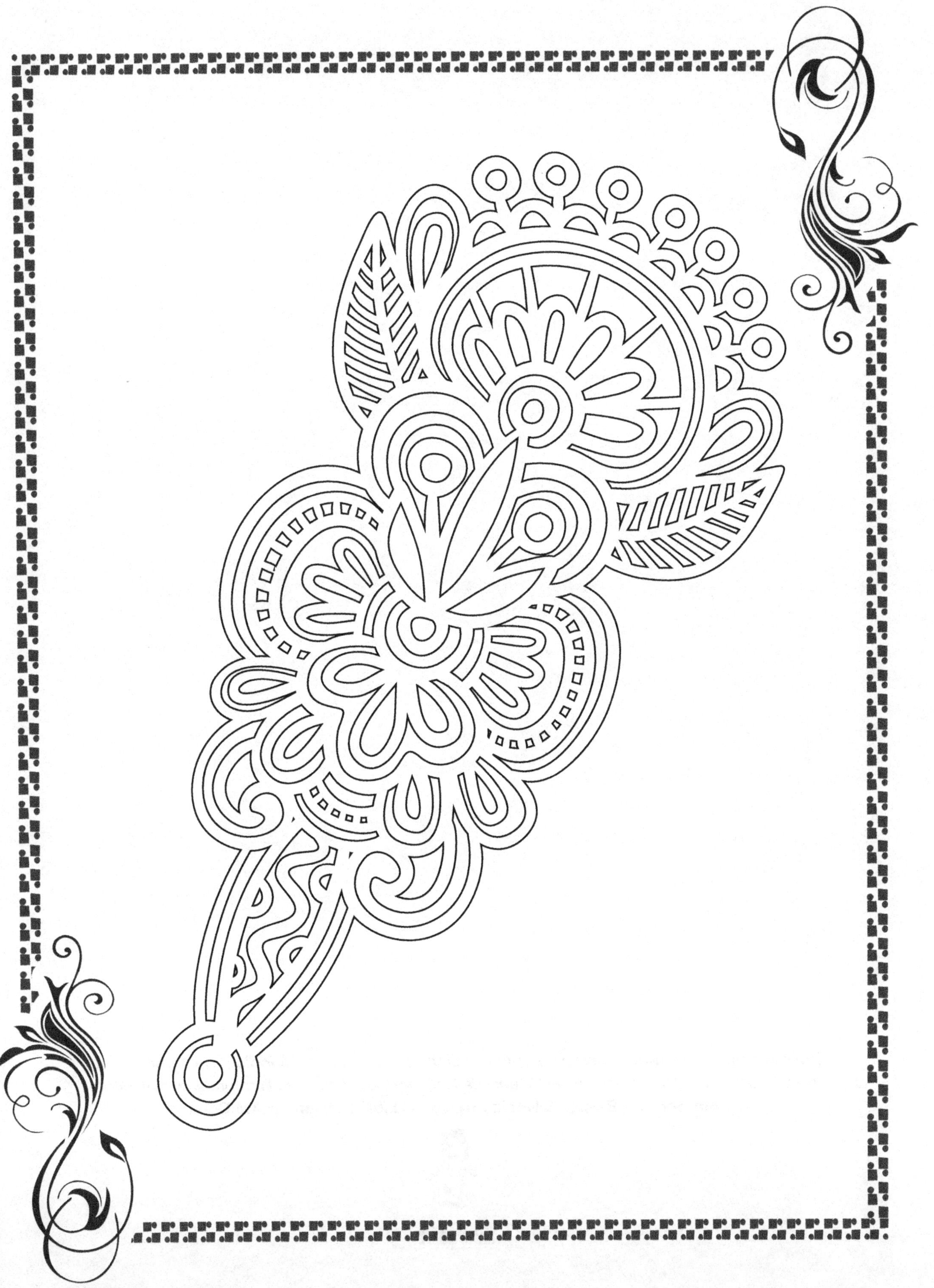

Questo è un sanguinare attraverso pagina se si utilizza un colorante indicatore o una penna!
Trovare altri grandi titoli di ricerca per disegni da *Colorare Bandit* su Il tuo libro preferito rivenditore
Amazon.Ca | Barnes & Noble (BN.Com) | Libri 1 Milione (BAM.Com)

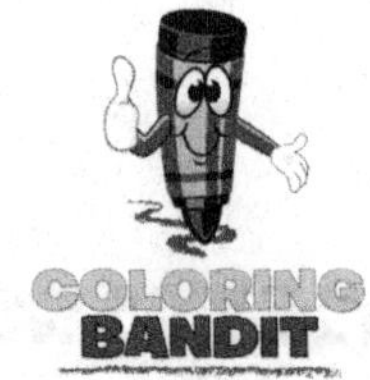

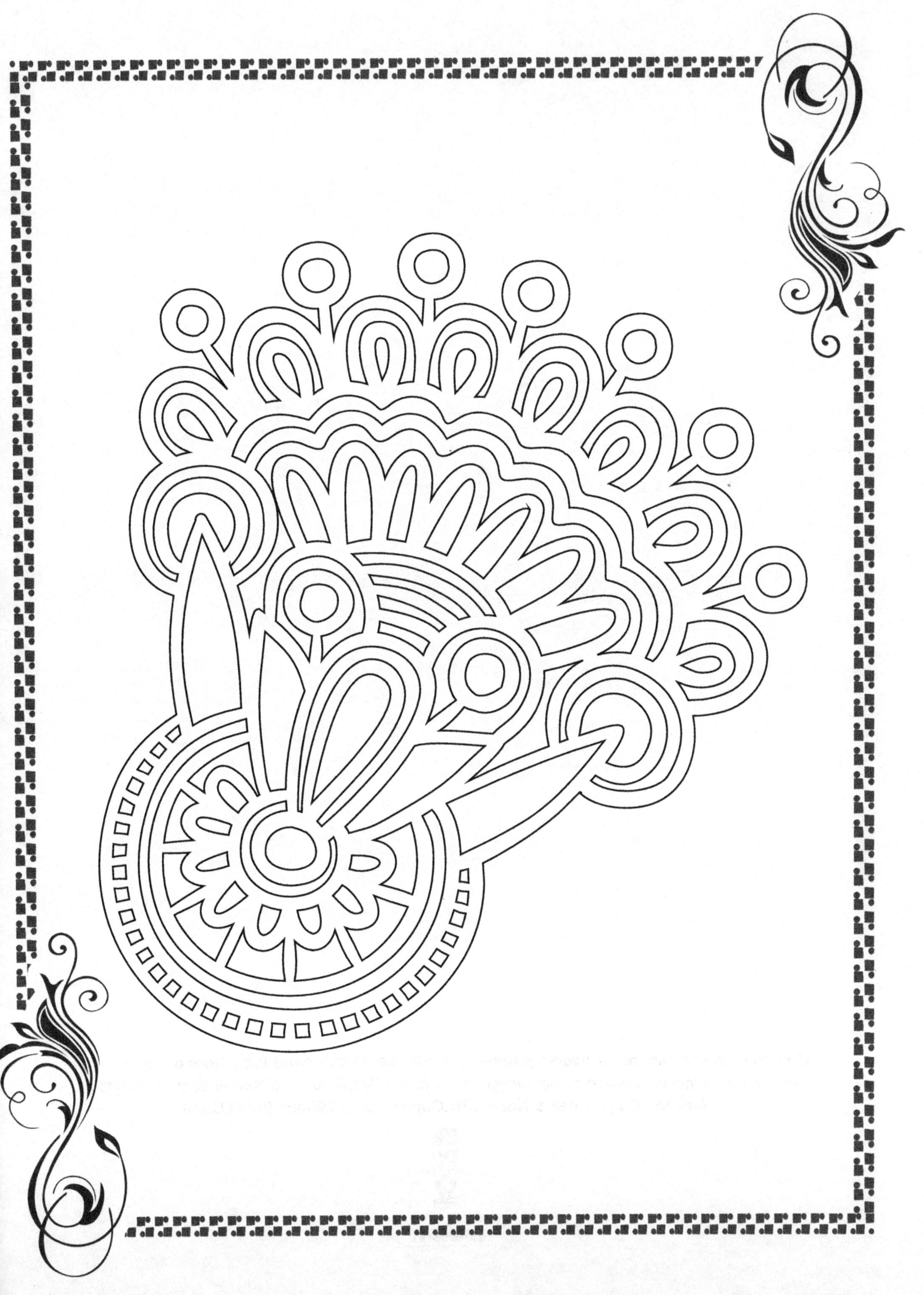

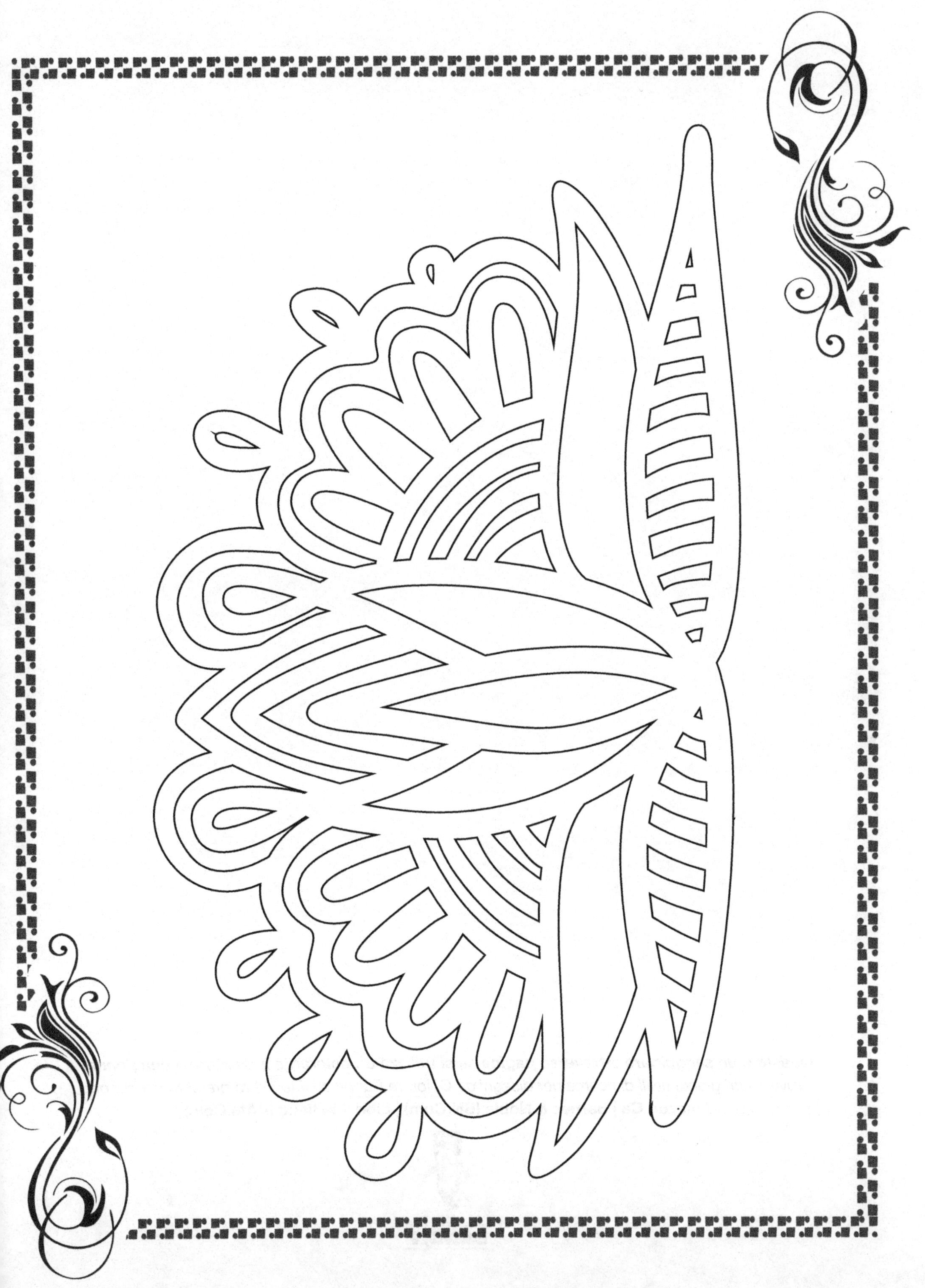

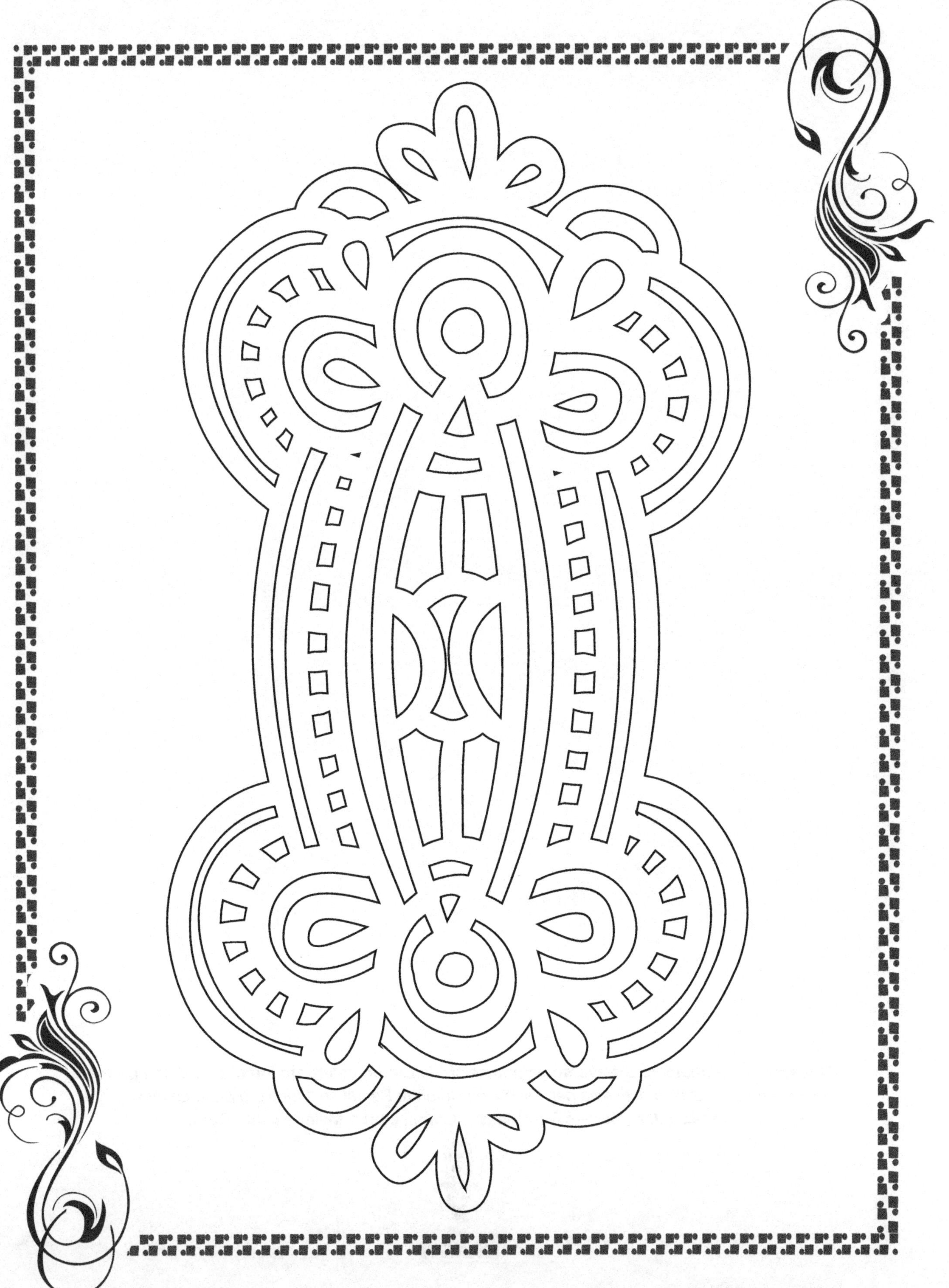

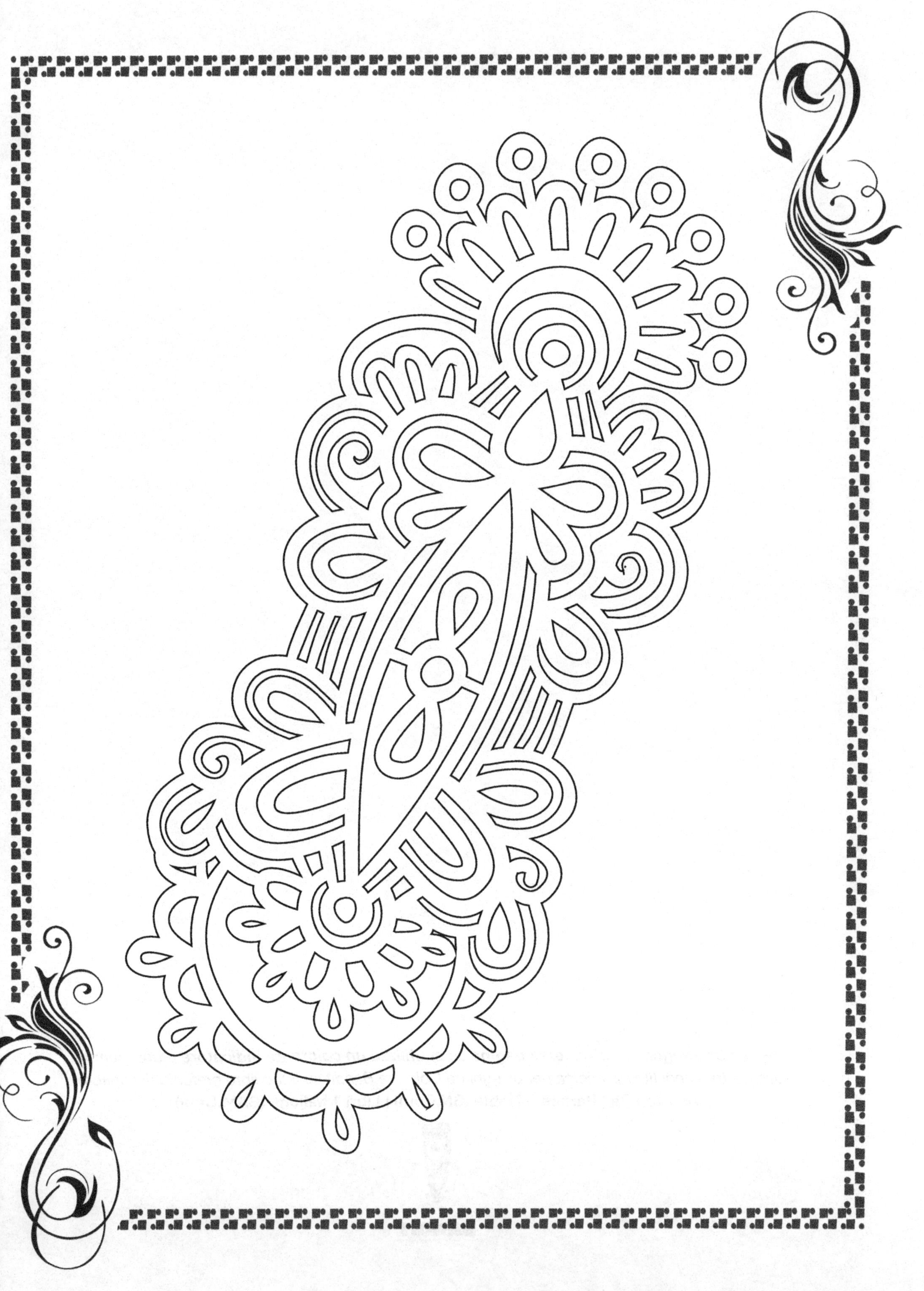

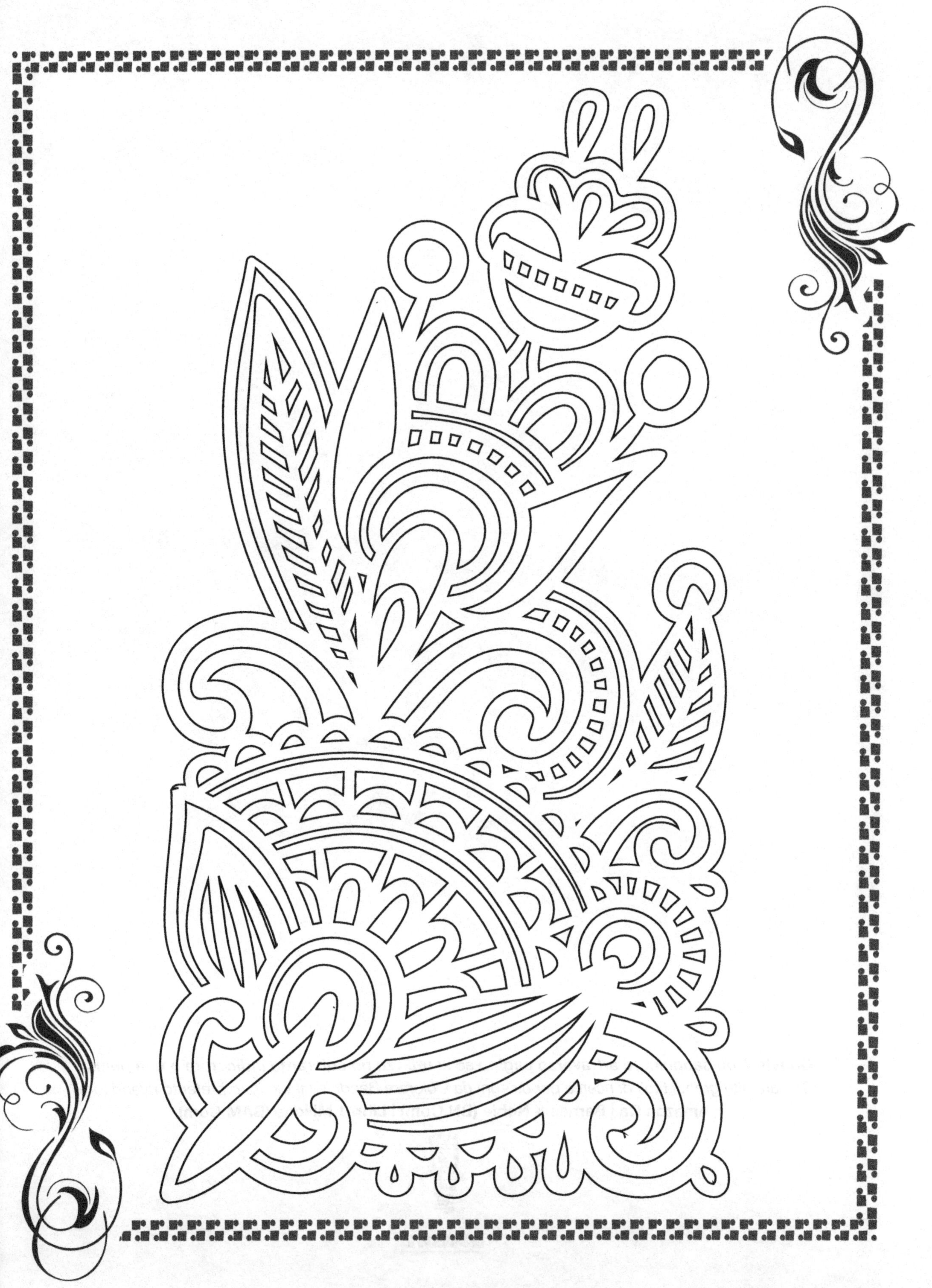

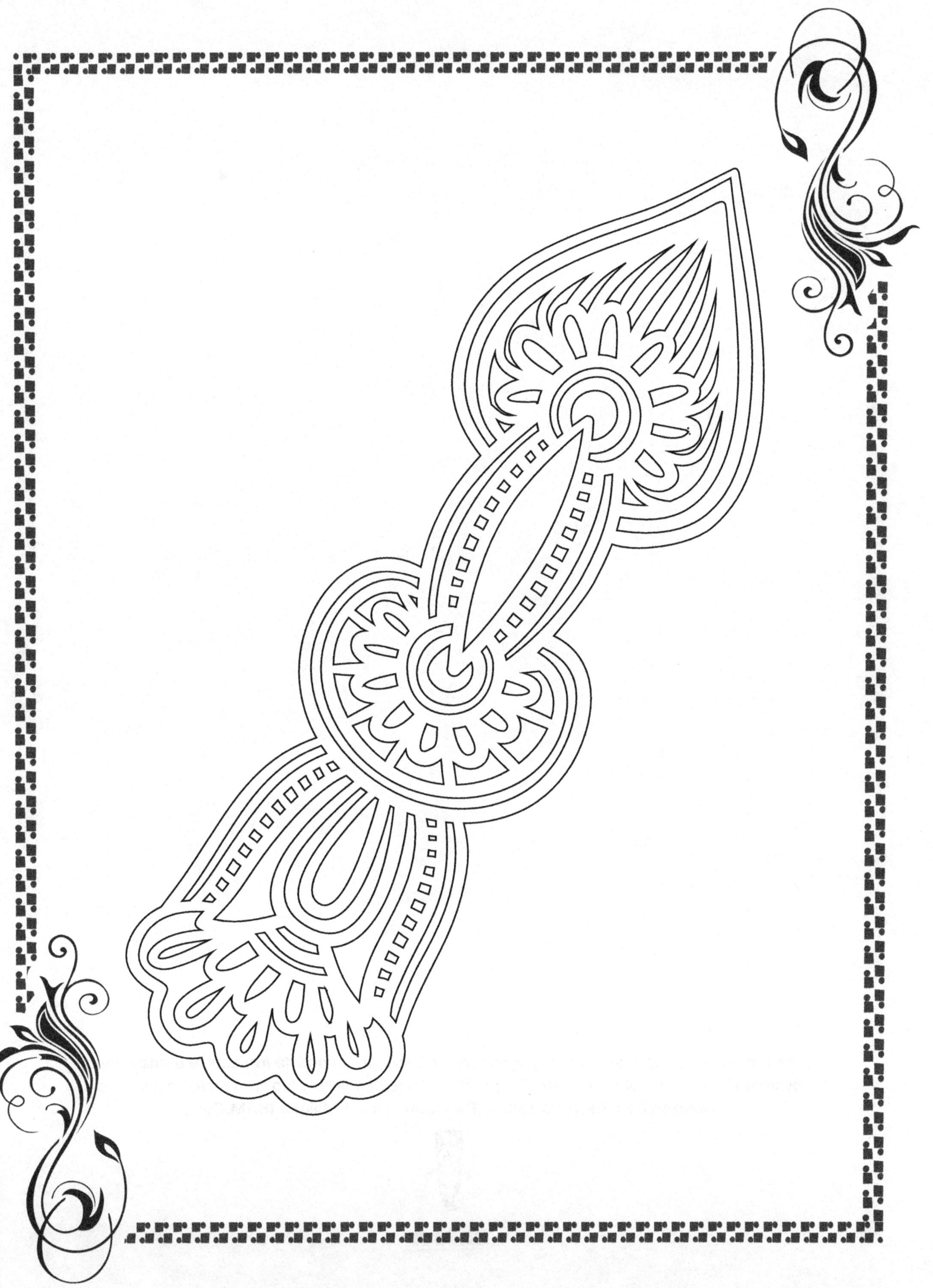

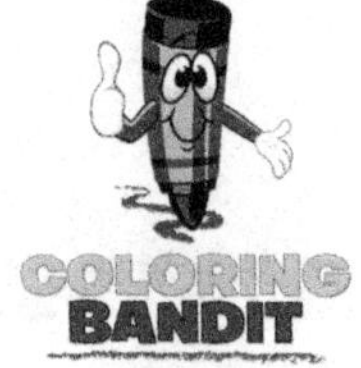

COLORING
BANDIT

Made in the USA
Monee, IL
07 July 2026

56547106R00059